L'image peut-elle tuer ?

DU MÊME AUTEUR

Le commerce des regards, Le Seuil, 2002.

Transparence, opacité ?, Cercle d'Art, 1999.

Image, icône, économie, Le Seuil, 1996.

Cueco Dessins, Cercle d'Art, 1997.

Van Gogh ou la peinture comme tauromachie, Épure, 1997.

L'image naturelle, Nouveau Commerce, 1995.

Marie José Mondzain

L'image peut-elle tuer ?

Bayard

(Quatrième édition)
ISBN 2-227-02003-2

3, rue Bayard, 75008 Paris

L'an 2000 fut accueilli avec toutes les festivités planétaires que mérite l'introduction du christianisme dans le monde. Qu'est-ce que la planète fêtait donc ce jour-là ? Le triomphe de l'Occident chrétien dans l'hégémonie de son calendrier ? En un sens c'est bien le cas, encore faut-il savoir de quoi, sans la moindre religiosité, notre monde se glorifiait à cette occasion. L'introduction d'un règne, celui de l'image. Par une sorte d'artifice tautologique, c'est à l'écran que l'on put assister à la liesse mondiale. Le partage d'une émotion internationale était bien à l'image de l'ambition œcuménique de l'Église. L'image triomphait au fil des siècles et tous célébraient la domination incontestée du visible et des spectacles en toute légitimité. En effet, la révolution chrétienne est la première et la seule doctrine monothéiste à avoir fait de l'image l'emblème de son pouvoir et l'instrument de toutes ses conquêtes. Elle a convaincu tous les pouvoirs d'Est en Ouest que celui qui s'empare des visibilités est maître du royaume et organise la police des regards. Une telle révélation portait atteinte au livre, dont on déclarait la faiblesse et la lenteur, comparées à la gloire immédiate et visible de l'incarnation et de la résurrection de l'image du Père. Désormais on croit, on apprend, on informe, on transmet par l'image. La peur des simulacres fait place au culte des imitations. Ce qu'on peut nommer une iconocratie se met en place. La fête fut de courte durée, un grand séisme se préparait.

Le 11 septembre 2001, le plus grand des coups fut porté à cet empire du visible, serviteur de toutes les formes modernes de la puissance conjuguée de l'économie et de ses icônes. Venus du ciel comme des anges exterminateurs, deux avions abattent les tours de la domination. Ce fut un crime réel, avec des victimes de chair et de sang, digne dans l'horreur des plus grands meurtres commis par les dictatures. Dans la minute même, l'affaire fut traitée en termes visuels, mêlant dans le plus grand désarroi le visible et l'invisible, la réalité et la fiction, le deuil réel et l'invincibilité des emblèmes. L'ennemi avait organisé un effroyable spectacle. En un sens, en massacrant tant d'hommes, en abattant ces tours, on nous avait donné le premier spectacle historique de la mort de l'image dans l'image de la mort. L'imprévisible rejoignait l'infigurable et il fallut en toute hâte enterrer les cadavres et tenir le discours du triomphe et de la résurrection. Le président des États-Unis annonça un jeûne des images : pas de morts à l'écran, épuration des programmes télévisuels et cinématographiques, invisibilité des combats. Le visible entrait en crise. La ruse machiavélique de l'agresseur venait de ce qu'il appartient à une culture aniconique, qui avait détruit quelques mois plus tôt des idoles à Bâmyân, et qu'il offrait à l'idolâtrie de l'ennemi occidental un spectacle : celui de sa vulnérabilité par la voie de ses emblèmes et celui d'un adversaire invisible diffusant à son tour sa propre image comme une icône rédemptrice à l'image du sauveur chrétien. La terreur engendrée par un sophisme politique déployait l'extraordinaire perversité du dispositif d'agression. Le criminel iconoclaste produisait au grand jour sa parfaite connaissance et sa totale conformité au monde qu'il détruisait. Coulé dans le moule de l'ennemi, il le contraignait à disparaître ou à recomposer son image dans une nouvelle distribution des pouvoirs. La crise est là, on en fait une guerre. Le cerveau du massacre poursuit, introuvable, sa vie souterraine, et les agressés cherchent le nouveau lexique visuel pour montrer la vengeance.

C'est alors qu'on entendit des voix pour suggérer que pareil crime avait été préfiguré, voire inspiré, par les écrans hollywoodiens dans les films catastrophes. Voilà l'image au banc des accusés, elle rend criminel. Les « managers » de la communication décidèrent de censurer la violence des films, de modifier ses programmes. Ce fut bien le seul domaine où, malheureusement à tort, l'Amérique se sentit confusément responsable des attaques qu'elle subissait. Si l'analyse des causes d'un tel drame arrive un jour à maturité, ce n'est certainement pas en termes d'images qu'il faudra établir les responsabilités ! Si l'on s'en tenait à cette explication, on accepterait d'être prisonniers du sophisme meurtrier du terrorisme lui-même : l'islam contre la chrétienté, l'Orient contre l'Occident, le choc des cultures incompatibles... Le règne de l'image impliquerait toujours la mort de l'autre.

Mon propos ici n'est pas de faire un travail explicatif, mais seulement de comprendre ce qu'est une image, les rapports qu'elle entretient avec la violence et les chances qui lui restent aujourd'hui d'offrir une liberté à une communauté non criminelle. C'est donc uniquement de l'image qu'il sera question afin de comprendre qu'en elle se joue sans doute la place que l'on fait à l'autre. Encore faut-il justement s'entendre sur ce qu'est une image. Cette brève méditation se fera en trois étapes : celle de l'incarnation, celle de l'incorporation et celle de la personnification. Ces étapes correspondent à l'analyse de l'image dans sa relation au visible, l'analyse du visible dans son apparition spécifique à l'écran, l'analyse de l'apparition des corps à l'écran dans leur relation à la place faite au spectateur. Ce trajet est loin d'épuiser la question de la violence, et je vais essayer d'aborder la violence du visible non pas en termes de contenu mais en termes de dispositif. Comment partager un espace dans une relation commune à l'invisible ?

I
La violente histoire des images

Qui refuserait aujourd'hui de voir en l'image l'instrument d'un pouvoir sur les corps et les esprits ? Ce pouvoir, conçu durant vingt siècles de christianisme comme libérateur et rédempteur, est soupçonné à présent d'être l'instrument de stratégies aliénantes et dominatrices. On traite donc l'image de « pousse-au-crime » quand quelque meurtre semble avoir trouvé son modèle dans les fictions diffusées par les écrans. Les coupables la rendent responsable. Mais qui sont les coupables ? Ceux qui tuent ou ceux qui produisent et diffusent les images ? Or culpabilité et responsabilité sont des termes qui ne sont attribuables qu'à des personnes, jamais à des choses. Et les images sont des choses. Abandonnons cette étrange rhétorique. Si l'on veut donner aux images un statut singulier parmi les choses en disant qu'elles sont à la fois, énigmatiquement, choses et non-choses, soit, mais sont-elles pour autant des personnes ? Choses et non-choses, elles basculent plutôt dans une singulière irréalité qui pourrait difficilement accroître leur responsabilité. Pourtant, c'est sans doute ainsi qu'il faut envisager l'image dans sa réalité sensible et ses opérations fictionnelles ; il faut admettre qu'elles se tiennent à mi-chemin des choses et des songes, dans un entre-monde, un quasi-monde, où se jouent peut-être nos servitudes et nos libertés. Penser l'image dans cette perspective permet d'interroger le paradoxe de son insignifiance et de ses pouvoirs. Pour saisir cette étrange situation qui fait de si peu de chose, c'est-à-dire l'image, un enjeu de première grandeur, la liberté, il est nécessaire de parcourir un peu son histoire dans la parole et dans les gestes des hommes qui la produisent. Car l'image n'existe qu'au fil des gestes et des mots qui la qualifient, la construisent, comme de ceux qui la disqualifient et la détruisent. Le désir de montrer induit une nécessité de faire et non inévitablement le désir de faire faire. Aristote ne pensait-il pas au contraire que le spectacle de la violence suspendait tout passage à l'acte ? Les choses auraient-elles changé ?

Il y a plus de dix siècles, les penseurs chrétiens de l'image furent les premiers dans l'histoire occidentale à faire de l'image un enjeu philosophique et politique. Tour à tour prohibée puis célébrée, l'image le fut avec une égale violence et fut donc dès le départ un enjeu passionnel. Cette ambivalence du visible est loin d'être nouvelle car il s'agit bien d'un état des choses dans l'apparition matérielle d'une immatérialité. Tel fut le sens de l'incarnation qui donnait chair et corps à une image tout en lui attribuant le pouvoir de conduire à l'invisibilité de son modèle divin. Avec l'incarnation, une nouvelle définition de l'image entrait dans la culture gréco-latine et devenait la matrice iconique de toutes les visibilités partagées. Un monde commun s'est construit qui a défini sa culture comme une gestion articulée et simultanée de l'invisible et du visible. On se passionna pour l'image. Désigner la vie de l'image du Père, celle du Christ, par le mot Passion, est en parfaite adéquation avec l'enjeu iconique. La Passion du Christ, c'est-à-dire la Passion de l'image, s'est jouée dans l'image de la Passion. C'est une traversée des ténèbres jusqu'au triomphe final. L'histoire de l'incarnation est la légende de l'image elle-même. Mais aujourd'hui vient s'ajouter une étrange inquiétude : la force de l'image serait de nous pousser à l'imiter, et le contenu narratif de l'image pourrait ainsi exercer directement une violence en faisant faire. On lui reprochait de faire voir, désormais on l'accuse de faire faire. Si ce qui paraît être un problème nouveau occulte les origines deux fois millénaires de la question, c'est essentiellement pour deux raisons. La première tient à un simple constat : les actes de violence gratuite ne cessent, dit-on, de se multiplier dans notre société, dominée au même moment par un accroissement du spectacle des visibilités. Si ce premier constat est acceptable, le lien de cause à effet est lui tout à fait contestable et ne repose sur aucune donnée réelle ainsi qu'enquêtes et statistiques l'ont montré. Sans parler du fait capital sur lequel je reviendrai, à savoir que l'inflation des « visibilités » ne signifie nullement inflation d'images.

La seconde raison de la peur actuelle, la vraie raison peut-être, vient de ce que la production visuelle est devenue un marché à part entière. Les enjeux financiers sont si puissants, les figurations de la violence se vendent si bien et sont la source de si grands profits, que le débat se déplace pour n'être plus que la tension contradictoire entre les intérêts économiques et le souci éthique. Tant et si bien que, au lieu de s'intéresser à l'image elle-même et à la nature de sa violence propre, on fait comme si, le lien de cause à effet entre image et violence étant une évidence ou un acquis, la question attendait d'un même mouvement sa solution morale et financière par la voie juridique. La liberté de l'image, son innocence relative, son irréalité si féconde disparaissent derrière les enjeux financiers qui désormais accompagnent son usage et sa diffusion. Comment s'interroger sur la violence de l'image et l'image de la violence avant toute réflexion sur ce qu'est une image ? Les débats sur les décrets de régulation contrôlée des photographies, articulés à un prétendu droit à l'image, en sont la caricature flagrante puisqu'on décide de juguler l'image sans même savoir de quoi l'on parle, de quelle image il s'agit et si l'image a peu ou prou à voir avec une propriété et un droit ! L'expression « droit à l'image » relève de la plus complète confusion et ne fait que voiler, sous le prétexte de la protection des innocents et des victimes, la mise en place d'un nouveau marché : une image ne se prend pas, elle se paie à son propriétaire !

Les images se présentent comme des objets dont on peut faire l'examen. Ces objets sont susceptibles de provoquer du discours et d'être soutenus par un savoir. Même si leur statut d'objet est foncièrement problématique, les images apparaissent comme une réalité sensible offerte simultanément au regard et à la connaissance. Mais la violence, elle, n'est pas un objet. Le dictionnaire la définit comme la manifestation abusive d'une force. La violence désigne un excès, si bien que le discours portant sur cet état se constitue plutôt comme un jugement que comme un savoir et suppose un état de droit organisé par des lois permettant d'évaluer la norme et sa transgression. Ce jugement se prononce sur une dépense d'énergie et en dénonce le débordement. La violence, c'est donc de la force en trop ou mal employée, et l'on reconnaît cet excès à ces effets négatifs lorsqu'ils portent atteinte à deux principes qui fondent la communauté : la vie et la liberté de chacun. La violence implique donc l'existence de sujets.

C'est parce que l'on traite l'image comme un sujet qu'on la soupçonne de pouvoir abuser de sa puissance. Là commencent les glissements et les malentendus. En fait, chacun de nous a avec la violence, en tant que force, une connivence, une relation, une familiarité, qui ne sont pas étrangères à la définition de la vie elle-même. Une paix sans force ressemble à la mort, et la force de la vie se construit sur les réserves de la violence. Qui dit réserve, dit à la fois ressource et retrait. Autrement dit, c'est dans la capacité d'être violent qu'il faut aller puiser la force de ne pas l'être. La violence serait donc puissance avant d'être ou ne pas être un acte. Il est clair que tout vivant ne survit que par l'effet d'une économie complexe et souvent contradictoire entre les forces qui l'habitent, forces qui le menacent et qui le maintiennent à la fois. La force des mouvements qui nous agitent relève d'une expérience éprouvée avant même d'être soumise au jugement. Dans l'espace d'une cohabitation, la violence est d'emblée négociée. Faut-il supprimer la violence, est-ce même possible, ou faut-il plutôt envisager les conditions de sa transformation au sein de la communauté ? Quand la violence surgit brutalement, sans médiation, elle n'est jamais l'indice de la force mais plutôt de la faiblesse. Cette violence-là est destructrice, elle produit une double exclusion, celle du violent et celle de sa victime, allant jusqu'au suicide aussi bien qu'au meurtre ; une autre violence existe, articulée à la première, c'est la violence fusionnelle où le sujet peut s'abîmer et disparaître dans l'engloutissement unificateur du Tout. Dans les deux cas, l'anéantissement et la mort sont au rendez-vous.

La question est donc de savoir en quoi les productions visuelles induiraient une passion meurtrière ou un anéantissement fusionnel. Le visible serait-il au service d'une irruption massive de la violence des désirs ou est-il susceptible d'un traitement symbolique ? Autrement dit, l'image est-elle une puissance non médiatisable par la parole ou est-elle au contraire ce en quoi se joue au premier chef la cohabitation des désirs ? Le visible nous affecte en tant qu'il a affaire avec la puissance du désir et qu'il nous met en demeure de trouver les moyens d'aimer ou de haïr ensemble. Toute visibilité engage les esprits et les corps à entretenir avec ces violences un rapport ou constructif ou destructeur. C'est bien à cela que pensait Aristote lorsqu'il inscrivit le spectacle tragique dans un programme de traitement symbolique de la violence passionnelle. Le désir de tuer et la peur de mourir peuvent ruiner tout projet de construction d'un espace social où ne pourraient jamais cohabiter les morts et les meurtriers en puissance que nous sommes. Faire voir et faire entendre des paroles semblaient à Aristote le seul moyen de rendre la vie en commun possible à des sujets aux prises avec leurs désirs et leurs effrois. Mais il privilégiait le texte et la fable, doutant davantage des pouvoirs symboliques du spectacle. Il hésitait au sujet du visible. Aujourd'hui, nous ne pouvons douter de l'emprise du visible sur les passions et de ce qui s'y joue pour la communauté, donc politiquement. Il nous incombe de savoir où et comment la violence de nos images va générer la force dont nous avons besoin pour vivre ensemble. Dès lors un même sujet peut être figuré soit sous une forme qui porte atteinte à la liberté, soit sous une forme qui la constitue. L'image de la vertu ou celle de la beauté peuvent générer de la violence. Tel fut le cas dans les films nazis qui exaltaient la perfection aryenne et se soutenaient de la fusion de tous dans la haine de l'autre. Visibilités sans parole innervées par du discours assourdissant.

Lorsqu'on dit d'une image qu'elle est violente, on suggère qu'elle peut agir directement sur un sujet en dehors de toute médiation langagière. Cela signifie qu'on va quitter le champ des productions symboliques pour aborder celui, plus insaisissable, de l'influence quasi hypnotique, de la perte du réel, de l'hallucination collective ou du délire privé. Cela veut dire que l'on va s'intéresser aux mouvements communiqués par l'image et non à son contenu figuratif. La question est donc à présent de distinguer dans les productions visibles celles qui s'adressent aux pulsions destructrices et fusionnelles et celles qui se chargent de libérer le spectateur d'une telle pression mortifère autant pour lui-même que pour la communauté.

Si l'on fait l'économie d'un tel questionnement, on continuera à rendre l'image responsable non de ce qu'elle commet mais de ce qu'elle pousserait à commettre. Autrement dit, devant le tribunal de la raison et de la morale, elle se trouverait inculpée de crimes qu'elle n'a pas commis sauf si l'on considère que ceux qui les commettent ont perdu la faculté de juger et d'agir librement à cause d'elle. C'est bien du jugement et de sa liberté qu'il s'agit. C'est là un point capital dans la réflexion sur la censure des images.

À supposer que l'image rende passif, comment peut-elle faire commettre un acte ? Si au contraire je fais l'hypothèse que je ne la reçois pas passivement, ce n'est plus l'image qui est à l'origine de mes actes mais moi-même en tant que sujet libre de mon action. Dès lors, s'il y a crime, il n'est pas commis par l'image mais par la main qui l'a perpétré. Nous ne pourrons sortir de cette contradiction et de cet embarras qu'en étudiant méthodiquement l'image, sa force et ses excès et en nous posant un certain nombre de questions à son sujet. Seul ce travail permettra de conclure sur la nature d'un lien entre ce qu'on voit et ce qu'on fait. C'est d'une certaine façon une interrogation sur le caractère performatif de l'image, à cette différence près, et elle est de taille, qu'on ne se demande pas ce que fait l'image mais ce qu'elle fait faire.

Est-ce qu'une image peut tuer, est-ce qu'une image rend tueur ? Est-il possible de lui donner une réalité telle qu'on puisse la dire coupable ou responsable des crimes et des délits que, en tant qu'objet, elle ne peut avoir commis ? De quel acte une image peut-elle être capable ? Objet sans corps, sans main, sans volonté, peut-elle agir comme la magie d'une influence ? Écouter des histoires de loups nous a plutôt aidés à donner forme aux peurs et aux fantasmes indicibles qui peuplent les cauchemars, donc à les surmonter. Est-ce que les allégories édifiantes de la vertu et du patriotisme ont produit un monde vertueux et patriote, est-ce que la déconstruction du visage de Dora Maar par Picasso a suscité la découpe carnassière d'un être aimé ? Non ? Alors pourquoi certaines images jouiraient-elles du privilège singulier d'être plus irrésistibles que les autres ? Ces icônes de la peur et du plaisir de voir ne font rien faire à leur imitation. C'est donc que le problème concerne la nature intrinsèque de l'image et non son contenu narratif ou référentiel. L'histoire de la violence est tout à fait dissociable des images aussi longtemps qu'on dissocie ce qui se joue en elles du destin du jugement critique et de la parole, donc ce qu'il en est de la place de nos corps et de notre pensée dans la rencontre avec ces objets. Seule la parole prend effet sur l'économie de nos désirs et cela spécifiquement dans le monde visuel où l'on a trop tendance à croire que l'être parlant y est devenu muet. Mais est-ce vraiment une tendance ? N'est-ce pas plutôt une stratégie d'asservissement ? Le silence apparent des images n'a aucune raison de vouloir nous rendre muets. D'une façon générale, une image ne veut pas plus nous faire taire que la vision d'une chaise nous impose de nous asseoir. Le visible, à lui seul, ne donne pas d'ordre. Alors qui en donne ? En quoi le prie-Dieu ordonne à sa façon de s'agenouiller ?

Qu'est-ce donc que la force d'une image ? Que nous apprennent ceux qui croient à sa violence ? Rappelons-nous tout d'abord les usages dits magiques des images. Le terme de magie est souvent un fourre-tout auquel l'anthropologue du début du siècle avait recours dès qu'il était confronté à un régime de causalité différent du nôtre. C'est par le même abus de langage qu'on a parlé de fétiches pour désigner des fabrications substitutives douées d'une efficacité singulière. Il s'agit de tous ces dispositifs imaginaires qui dans certaines cultures permettent d'agir sur le réel par l'intermédiaire d'objets efficaces dans une opération symbolique de déplacement. C'est par l'image, fac-similé ou objet substitutif, qu'une relation de pouvoir s'instaure. Si ces images ont un pouvoir, il existe une réponse à ce pouvoir, car il est toujours possible de produire des contre-pouvoirs, des contre-images qui détournent ou invalident les pouvoirs de la première.

Je prendrai l'exemple des rouleaux magiques éthiopiens utilisés par une population chrétienne syncrétiquement fidèle à des croyances animistes. Grâce à des rites sacrificiels et figuratifs, ces rouleaux devaient guérir les malades. La maladie était conçue en termes de possession par les esprits démoniaques ; le rouleau thérapeutique, fait dans la peau d'un animal sacrifié, était couvert d'inscriptions et de figures qui étaient alternativement des prières, des invocations, des formules dans une langue secrète et des figurations de saints, d'anges, d'archanges et de démons pris dans un certain nombre de graphes symboliques qui lient le mal et délient le possédé. Le thème iconique central est la figure de l'œil ou plus exactement le regard. Le principe opératoire est le suivant : le malade présente au démon qui l'habite sa propre image et, au spectacle insoutenable de cette image qui n'est autre que la sienne, l'esprit malin est pris d'effroi et s'enfuit, délivrant le malade de son mal. C'est donc l'incarnation iconique de son mal qui délivre le corps du malade. L'idée d'une image qui tue est familière dans de nombreuses traditions populaires ou mythiques où se mêlent la simulation, le simulacre et le maléfice. L'image insoutenable du mal est un thème récurrent dans toute l'Antiquité, du regard de Méduse au miroir employé par Thésée pour la vaincre, en passant par la fusion mortelle de Narcisse et de son image. L'histoire de Narcisse nous parle de la violence d'un reflet qui tue. Ces mythes et ces légendes disent une même chose : l'image nous regarde et peut nous engloutir. Tous ces dispositifs de croyance et de fabrication sont fondés sur l'identification. Ne faire qu'un avec ce qu'on voit est mortel et ce qui sauve, c'est toujours la production d'un écart libérateur. Vivre, guérir, c'est s'écarter de toute fusion et prendre le mal à son propre piège, celui de l'identification. La violence de l'image se déchaîne lorsque celle-ci permet l'identification de l'infigurable dans le visible. Ce qui revient à dire que l'image ne se soutient que dans la dissimilitude, dans l'écart entre le visible et le sujet du regard. Mais cet écart est-il visible ? S'il l'était, il ne serait plus écart. Il y a donc dans l'acte de voir un « geste » invisible qui constitue l'écart du voir. Peut-être est-il institué par la voix.

Pour comprendre ce qu'est le pouvoir de l'image, il faut non seulement dire qu'elle est toujours image de quelque chose mais aussi que ce dont elle est l'image lui est étranger, substantiellement. Toute image est image d'un autre, même dans l'autoportrait. Cet écart est celui de la symbolisation, écart qui creuse un abîme infranchissable avec l'incorporation d'une présence substantielle et fatale. Le paganisme grec rejoint en cela le monothéisme biblique aussi bien que musulman. Tous partent de la conviction qu'un certain face-à-face tue et que, pour que la figuration soit possible, il faut faire un sacrifice, faire le deuil d'une présence identificatoire. Si le malade éthiopien est guéri, c'est parce que l'image a inversé le processus identificatoire en opération de délivrance. Ce n'est rien d'autre qui eut lieu dans le sacrifice christique, puisque celui qui est l'image visible du Père infigurable donne accès à toutes les images sur un mode salvateur en devenant ce qui lui ressemble le moins : un mort. Mais ce qui constitue le lien entre le visible et l'invisible, c'est une homonymie. Le nom donné par la voix à ce qui est vu désigne d'un même trait ce qui se laisse voir et ce qui se propose invisiblement au regard.

C'est bien la gestion des passions et de la voix dans le visible, nécessaire dans la construction d'une communauté, que la pensée chrétienne a reconnue comme la véritable interrogation, il y a dix siècles. C'est elle qui la première instaura une légitimité de l'image, non seulement en la débarrassant de sa puissance mortifère et confusionnelle, mais en lui conférant un pouvoir salvateur et même rédempteur. Non seulement l'image est visible et le face-à-face ne tue plus, mais l'image opère une purification des ténèbres. Ce n'est plus la parole tragique comme chez les Grecs mais l'image qui apaise la violence de toutes nos passions. Seule l'image peut incarner, tel est l'apport principal de la pensée chrétienne.

L'image n'est pas un signe parmi d'autres, elle a un pouvoir spécifique, celui de faire voir, de mettre en scène des formes, des espaces et des corps qu'elle offre au regard. Puisque l'incarnation christique n'est rien d'autre que la venue au visible du visage de Dieu, l'incarnation n'est rien d'autre que le devenir image de l'infigurable. C'est cela incarner, c'est devenir une image, et très précisément une image de la passion. Mais cette puissance d'apaisement est-elle le fait de toute image quels qu'en soient la forme et le contenu ? Justement pas et c'est là qu'il faut nous arrêter. La seule image qui possède la force de transformer la violence en liberté critique, c'est l'image qui incarne. Incarner, ce n'est pas imiter, ni reproduire, ni simuler. Le messie chrétien n'est pas le clone de Dieu. Ce n'est pas davantage produire une nouvelle réalité offerte à des yeux idolâtres. L'image est foncièrement irréelle, c'est en cela que réside sa force, dans sa rébellion contre toute substantialisation de son contenu. Incarner, c'est donner chair et non pas donner corps. C'est opérer en l'absence des choses. L'image donne chair, c'est-à-dire *carnation* et visibilité, à une absence, dans un écart infranchissable avec ce qui est désigné. Donner corps au contraire, c'est incorporer, c'est proposer la substance consommable de quelque chose de réel et de vrai à des convives qui se fondent et disparaissent dans le corps auquel ils sont identifiés. Communier dans l'image et par elle, c'est manquer l'incarnation d'une visibilité sans substance et sans vérité. Dans l'incorporation, on ne fait plus qu'un, dans l'image incarnée se constituent trois instances indissociables : le visible, l'invisible et le regard qui les met en relation. L'image appartient à une étrange logique du tiers inclus.

L'enseignement de l'institution ecclésiastique est en ce domaine d'autant plus précieux qu'elle a pratiqué les deux choses. D'un côté, les opérations incarnantes qui redonnaient vie et liberté aux images, de l'autre, en tant qu'instance de pouvoir, les opérations incorporantes pour s'emparer, dans la violence, des corps et des esprits qu'elle voulait se soumettre. La liturgie du dispositif fusionnel est constituée par l'eucharistie. Dans ce rituel, ce qui est proposé, non pas au regard mais à la manducation, est la substance réelle de Dieu et non son image. Celui qui y participe devient à son tour membre du corps de l'institution.

Ce qui est mangé n'est pas l'image de Dieu mais Dieu en personne. La communion est union. Tout autre est la situation de l'image qui ne donne strictement rien de réel à consommer, mais qui, parce qu'elle incarne, organise la figure visible et inconsistante d'une réalité invisible. Dans une image de Dieu, Dieu n'est pas présent et le rapport aux images n'est pas un rapport magique ni sacramentel. Au contraire, c'est une relation sans mystère, qui ne tire sa valeur que de la liberté du sujet qui regarde, qui est libre de voir ou de ne pas voir l'absence des choses qu'on lui donne à contempler. Il est bien dit qu'on peut avoir des yeux et ne point voir. Il y a donc un appel à la construction du regard sur le visible tel que le spectateur doit répondre de son propre accès à l'invisible dans le visible. La doctrine que le christianisme a bâtie autour de l'icône n'est rien d'autre, alors que la pratique des saintes imageries a le plus souvent rejoint l'arsenal communiel de la propagande et de la publicité. Ces imageries répondent aux critères, ailleurs condamnés, de l'idolâtrie substantialiste.

La double interprétation de la dernière Cène produit, en tant que rituel d'incorporation, du corps institutionnel, alors que, en tant que mémorial de l'incarnation, l'image distribue des substituts symboliques en écart infranchissable avec l'invisible. Le pain et le vin ne ressemblent en rien à la divinité. La parole est performative, c'est elle qui instaure un double régime pour la communauté, celui de l'iconicité d'une absence et celui de la communion dans la présence. Dans le cas iconique, la personne du fils s'incarne dans l'image indépendamment de sa substance, donc de sa personne réelle. Son corps a été sacrifié pour inaugurer le règne de l'image immortelle. La personne dans ce cas ne peut être l'objet d'une personnification, mais le sujet d'une incarnation qui se fonde sur le sacrifice du corps, sur sa disparition. Inversement, la situation du corps dans l'eucharistie permet à l'incorporation institutionnelle de revendiquer la personnification du Christ dans le corps de l'Église. L'eucharistie impose au sujet une identification qui le coupe de toute altérité et l'engloutit dans la substance d'un corps imaginaire dont il est à la fois tout et partie. C'est là la base de tous les traitements de l'image sur un mode fusionnel. Dans le cas de l'icône, les espèces matérielles de sa manifestation ne sont pas promises à la transsubstantiation mais à la transfiguration du regard. Dans le cas de la communion, le visible produit un contrat d'appartenance qui génère de l'inclusion et de l'exclusion. Peut-on produire de la communauté sans fusionner ? Vivre en commun n'est pas vivre comme un.

Désormais dans cette tension, le visible et l'invisible seront en crise. Cette crise ne cessa de déchirer l'Église elle-même, tant et si bien que les contestations du pouvoir ecclésial se sont toujours accompagnées de débats violents à la fois sur l'image et sur l'eucharistie. La Réforme, en contestant l'autorité pontificale, ne pouvait que dénoncer la trahison de l'incarnation dans l'idolâtrie des visibilités cultuelles qui fondaient l'incorporation institutionnelle. Constatant que le règne des images s'était entièrement mis au service de l'Église visible, les réformés voulaient rétablir le régime de l'invisible et la puissance du Livre et de la Parole. Or, dans le même temps, les artistes déployaient un monde iconique, fidèle à la libre inconsistance des images et rebelle à toute incorporation institutionnelle. L'art rompait avec l'Église pour rester fidèle à l'incarnation imaginale de l'invisible. L'image n'a cédé ni aux idolâtres ni aux iconoclastes. Elle se trace, irréductible, son propre chemin, loin des polices qui la contrôlent ou qui la condamnent.

La manifestation de la vérité implique l'incarnation de la parole dans la chair des images. L'image devient une construction humaine et ce qui fonde la valeur de cette construction n'est pas à chercher en dehors du visible, elle lui est immanente. L'invisible, dans l'image, c'est l'ordre de la parole elle-même. L'image ne produit aucune évidence, aucune vérité et ne peut montrer que ce que produit le regard que l'on porte sur elle. L'image attend sa visibilité de la relation qui s'instaure entre ceux qui la produisent et ceux qui la regardent. En tant qu'image, elle ne montre rien. Si elle montre délibérément quelque chose, elle communique et ne manifeste plus sa nature d'image, c'est-à-dire son attente du regard. C'est pourquoi, plutôt que d'invisible, mieux vaut parler « d'invu », de ce qui est en attente de sens dans le débat de la communauté. Une telle situation de décidabilité du sens suppose que l'image par elle-même est fondamentalement indécise et indécidable.

Les Pères furent les premiers à être conscients de ce que la croyance est appendue au regard. L'incarnation de l'image est pour Paul une visibilité énigmatique ; elle met en scène la similitude d'un reflet dans un miroir vide car la substance divine n'est pas visible. Il n'y a pas de vision substantielle, il n'y a pas de vision du sens par les seuls yeux. Point de face-à-face, une obliquité définitive qui recueille la défaillance du regard, qui ne verra jamais ce qu'elle désire voir : Dieu. C'est même pour cela que les hommes continuent de désirer et donc de produire des images. C'est bien ainsi que se pose la question de la puissance de l'image. Elle peut aussi bien continuer à incarner le désir sans jamais le satisfaire, comme elle peut parfaitement prétendre saturer l'œil et anéantir toute liberté. Je distingue ainsi image et imagerie ou simple visibilité. Par image au singulier, image singulière, mieux vaut entendre ce qui s'inscrit dans la visibilité sans être visible. La force de l'image lui vient du désir de voir, celle du visible de sa capacité de voiler, de construire l'écart entre ce qui est donné à voir et l'objet du désir. Sans désir de voir, il n'est point d'image, même si l'objet de ce désir n'est autre que le regard lui-même. Je reviens aux paroles de Lacan : « Dans notre rapport aux choses, tel qu'il est constitué par la voie de la vision et ordonné dans la figure de la représentation, quelque chose glisse, passe, se transmet d'étage en étage, pour y être toujours à quelque degré éludé. C'est ça qui s'appelle regard [1]. » Il est frappant de voir comment la psychanalyse a retrouvé la prodigieuse intuition patristique de Grégoire de Nysse, l'un des plus brillants Cappadociens. Il dit ceci : quand Moïse manifesta à Dieu son désir de le voir, Dieu accepta de le satisfaire en trompe l'œil, afin que son désir, à lui, Moïse, soit toujours vivant car Dieu a besoin d'être désiré. Jamais assouvi. Je cite Grégoire de Nysse : « La demande audacieuse de l'âme qui monte la montagne du désir, c'est de ne jamais jouir par des miroirs et des reflets, mais face à face. [...] La voix de Dieu accorde ce qui est demandé par les choses qu'elle refuse en offrant en peu de mots un abîme de pensée. En effet, il ne se

1. J. Lacan, *Le Séminaire*, Livre XI : *Les Quatre Concepts fondamentaux de la psychanalyse*, chap. IX, Seuil, 1973.

serait pas montré lui-même, Dieu, à son serviteur, si cette vue avait été telle qu'elle eût arrêté le désir du voyant. C'est en cela que consiste la véritable vision de Dieu : que celui qui lève les yeux vers lui ne cesse jamais de le désirer [2]. »

C'est le piège à regard. Si j'insiste sur cette dimension de l'invisibilité de l'image au singulier, c'est pour mieux l'articuler au désir, à ce désir de voir qui, en toute image, doit pour toujours laisser à désirer. L'invisibilité ne désigne aucun au-delà hors d'atteinte, une transcendance, une idée platonicienne. L'invisibilité patristique, et celle de notre modernité, c'est celle de l'élision immanente de l'objet du désir de voir. Et c'est parce que nous sommes à l'image de l'invisibilité de l'objet du désir que notre propre image devient ainsi l'objet d'un manque infini pour un désir infini. Dieu n'est ainsi que le nom de notre désir de voir notre similitude. Similitude qui se dérobe perpétuellement à

2. *Vie de Moïse,* II, trad. J. Daniélou, Sources chrétiennes, n° 1*bis*, p. 257, 267.

la vision. Ainsi Dieu s'est-il montré de dos à Moïse, lui-même lové dans le creux d'un rocher. La grotte de la révélation déceptive répond en l'inversant à la caverne platonicienne où l'ombre des choses incitait à s'en détourner. Dans la perspective chrétienne, la grotte est crèche du visible qui se donne au dessillement des yeux. L'invisible habite le visible, il en va pour le voir non point des yeux mais de l'écoute de la parole qui en modifie la saisie.

Cependant, en tant qu'institution temporelle voulant prendre un pouvoir et le conserver, l'Église a agi comme tous les dictateurs, elle a produit des visibilités programmatiques faites pour communiquer un message univoque. Dès lors l'imagerie sert les opérations d'incorporation, l'image est absorbée comme une substance à laquelle l'incorporé s'identifie, avec laquelle il fusionne sans réplique et sans mot. Ces images-là accompagnèrent les conquêtes, elles firent régner les plus terribles silences, imposèrent les plus dociles soumissions, réduisant toutes les objections. On l'appela Bible des illettrés. Elle a établi un empire, son empire sur les émotions. En un mot, elle priva peu à peu les créatures de toute la pensée, de toute la liberté qu'elles avaient imaginée avoir reçue du créateur par la grâce d'une similitude. Le paradoxe critique est bien là.

Il est clair que l'empire visuel auquel nous sommes aujourd'hui soumis se présente à nous de façon violente dans une tension entre la pensée incarnationnelle et des stratégies d'incorporation. Si l'on accepte les quelques réflexions qui précèdent, alors il faut bien admettre que la violence dans le visible concerne non pas les images de la violence ni la violence propre aux images, mais la violence faite à la pensée et à la parole dans le spectacle des visibilités. Considéré sous cet angle, la question de la censure devient un faux problème, qui fait courir le risque de retomber dans une dictature des passions, où l'on décide qu'il y a de bonnes et de mauvaises images en fonction de leur contenu. Est-ce alors une invitation néo-iconoclaste à se priver de toute image pour échapper aux dictatures ? Ce serait un décret d'abstinence qui porterait atteinte à l'ensemble des opérations imaginaires et, par conséquent, une autre façon d'anéantir toute liberté. La leçon patristique est féconde en ce sens qu'elle propose une construction du regard par la parole afin de donner à chacun la liberté de son discernement. Faut-il en conclure, inversement, que tout ce qui est visible est neutre, et qu'il incombe à chacun de produire ou non du sens ? Pas davantage, puisque nous avons établi que le régime de l'image est par nature passionnel et qu'on ne saurait à ce titre qualifier de neutre ce qui nous touche et se doit de nous toucher. Dans le domaine de l'art, on constate qu'au fil des siècles des jugements critiques se constituent, qui discernent et rassemblent ce qu'il est coutumier d'appeler des chefs-d'œuvre. Cet ensemble disparate d'objets a en commun de faire l'offre d'une liberté, la donation d'un sens qui n'est jamais assigné, jamais le même, toujours fragile. Il y a donc des objets qui résistent à l'érosion nécrosante des appropriations idolâtres. Ces productions font d'autant plus autorité que rien ne les épuise, comme si elles échappaient pour toujours à toute assignation du sens. Elles assument pleinement une sorte d'atopie qui donne à leur mortalité une semblance d'éternité. Elles opèrent comme les incarnations d'une liberté incertaine et sans fin. Elles sont réelles, sans être pour autant identifiables à la matière dans laquelle elles apparaissent, ni au programme qu'elles ont observé, ni aux circonstances de leur commande. Elles sont réelles et pourtant libres de toute réalité. Fictions, semblances, figures inconsistantes d'un enjeu bien réel : donner au désir la jouissance d'un inassouvissement.

Cependant elles peuvent aussi bien être proposées à la consommation passive dans les lieux cultuels et culturels où la consommation de leurs cadavres embaumés les voue à la gloutonnerie collective. Les images comme toutes les œuvres peuvent être violentées, privées de leur force. Toutes les formes institutionnelles de l'académisme auront tué plus d'un chef-d'œuvre. Beaucoup de libertés sont massacrées dans les rendez-vous manqués de la scolarité avec les plus grands objets. Ainsi en va-t-il des images. Ne pas savoir initier un regard à sa propre passion de voir, ne pas pouvoir construire une culture du regard, voilà où commence la vraie violence à l'égard de ceux qu'on livre désarmés à la voracité des visibilités. Il revient donc à ceux qui font des images de construire la place de celui qui voit et à ceux qui font voir les images des premiers de connaître les voies de cette construction. L'image exige une gestion nouvelle et singulière de la parole entre ceux qui croisent leurs regards dans le partage des images.

La question de la violence des images se pose donc autrement que prévu. Plus encore, elle se dédouble : y a-t-il des formes de visibilité qui maintiennent les sujets dans les ténèbres des identifications mortifères alors que d'autres images, qui peuvent être lourdes de contenus tout aussi violents, permettent de construire du sens en évitant toute confusion ? Faut-il distinguer de bonnes et de mauvaises images non plus à partir de leur contenu, puisque l'image du mal peut guérir, mais de la symbolisation qu'elles induisent ? Poser la question ainsi permet de comprendre pourquoi l'image de la vertu ne rend pas vertueux tout comme celle du crime ne rend pas criminel. Tout producteur d'images qui souhaite obtenir une réponse incontrôlable à une stimulation du désir utilise des images qui maintiennent le spectateur dans une inaptitude symbolique. Telle est la violence du visible aussi longtemps qu'il participe de dispositifs identificatoires et fusionnels. Voilà pourquoi mieux vaut distinguer au cœur du visuel les images des visibilités en fonction des stratégies qui assignent ou non le spectateur à une place dont il peut bouger. Hors de tout mouvement, l'image se donne alors à consommer sur un mode communiel. La propagande et la publicité qui s'offrent à la consommation sans écart sont des machines à produire de la violence même lorsqu'elles vendent du bonheur ou de la vertu. La violence du visible n'a d'autre fondement que l'abolition intentionnelle ou non de la pensée et du jugement. Voilà pourquoi, face à l'émotion provoquée par les images, c'est-à-dire face au mouvement qu'elles provoquent, il est impératif d'analyser le régime passionnel qu'elles instaurent et la place qu'elles font à ceux à qui elles s'adressent. La critique de l'image est fondée sur une gestion politique des passions par la communauté. Elle ne devrait jamais être un tribunal d'épuration morale des contenus, qui mettrait fin à tout exercice de la liberté du regard.

La nouvelle situation des visibilités vient de ce que, depuis l'invention du cinéma et de la télévision, un flux considérable et toujours croissant de visibilités sert simultanément le monde de l'art et celui de la consommation. Le dispositif des écrans a généré une redistribution des pouvoirs du visible et de l'invisible, une nouvelle donne dans la gestion de l'incarnation et de l'incorporation à l'écran. Avant d'aborder spécifiquement le destin de la parole dans certains films qui serviront d'exemple, il faut s'arrêter tout d'abord à la fonction singulière de l'écran. Qui dit écran semble poser d'emblée un espace de séparation, voire même d'occultation du visible. Faire écran, cela peut signifier cacher. Or nos écrans sont les lieux de l'apparition des images. L'écran est à la fois un espace réel et la condition de déréalisation de ce qu'un réalisateur produit. On le nomme réalisateur de façon fort énigmatique, là où le théâtre préfère parler de mise en scène. La scène à l'écran relève donc d'une étrange atopie propre à la réalisation d'un espace irréel. L'écran n'est pas un espace fictif et c'est le lieu de la fiction. Il est la condition des opérations fictionnelles. La naissance des écrans a mis dans l'espace social un dispositif aussi énigmatique que l'image qu'il rend manifeste. Il est double, en tant qu'il ne montre pas les corps réels et toutes les conditions matérielles du tournage, il est le tissu d'une élision et, en tant qu'il soutient des images, il est le tissu d'une apparition. L'écran participe donc au premier chef à la définition de l'image elle-même. Toute réception visuelle sur un écran a lieu dans une sorte d'atopie fugitive, le temps de la vision ou de la projection. Ce non-lieu prend place dans l'espace social. C'est à partir de lui que s'organise l'espace des spectateurs, leur place à bonne distance mais dans des ténèbres relatives qui tendent à abolir la distance réelle des corps par rapport à l'écran et des corps spectateurs entre eux. Donc quelque chose se met en place dans l'espace collectif où se joue en même temps la communauté du spectacle et la solitude de la vision. Dans le même temps se distribuent des places d'où chacun éprouvera les émotions singulières que les images vont provoquer. Quelque chose de rituel et de politique est en jeu car ce rassemblement ne produit aucune vision commune. Chacun depuis sa place perçoit des signes visibles, sonores et narratifs tels que, à la fin du spectacle, la question s'ouvre seulement de savoir ce qui fut partagé. Une expérience fusionnelle ou bien un ébranlement du sens ? Faut-il pour le savoir demander à chacun ce qu'il a vu ou bien suffit-il d'analyser la chose vue pour définir ses effets sur tous ? Autrement dit, la nature d'une vision dépend-elle de la qualité du regard des sujets qui regardent ou de la qualité de l'objet qui fut donné à voir ? Il n'y a pas de réponse univoque à une telle question. Si la construction du regard est un devoir politique, dès lors, quand cette construction existe, aussitôt tout spectacle est mesuré à l'aune de la liberté qu'il donne. Mais qui construit le regard sinon celui qui donne à voir ? Il faut bien reconnaître alors que le producteur d'image à l'écran est responsable de cette construction. Partant de là, chaque spectacle met en jeu la liberté du spectateur en fonction de la place qui lui est donnée face à l'écran par le cinéaste ou le vidéaste. Plus cette place sera construite dans le respect des écarts, plus les spectateurs seront en mesure de répondre à leur tour d'une liberté critique dans le fonctionnement émotionnel du visible. C'est sans doute en ces termes qu'il faut aborder l'éducation des regards. Un enfant peut tout voir à condition d'avoir eu la possibilité de construire sa place de spectateur. Or cette place est longue à construire. Il faut donc en conclure qu'un enfant ne peut pas tout voir s'il n'est pas soutenu par la parole de ceux qui voient avec lui et qui eux-mêmes doivent avoir appris à voir. L'image n'est pas un espéranto accessible à tous et à chacun. L'image en tant qu'objet passionnel est toujours violente, reste à savoir la force ou la faiblesse qu'on en tire. La violence d'une image donne de la force quand elle ne dépossède pas le spectateur de sa place de sujet parlant. Voir avec d'autres, voilà la question puisque l'on voit toujours seul et qu'on ne partage que ce qui échappe à la vue. C'est ce qui se tisse invisiblement entre les corps qui voient et les images vues qui constitue la trame d'un sens partagé, d'un choix dans le destin des passions qui nous traversent. Cela se joue sur l'écran et n'est pas visible sur lui. L'atopie de l'image au cœur des visibilités nous met en demeure de produire l'invisible, ce que tous disent avoir vu et que le visible n'a pas montré. Une salle de cinéma est au sens fort une salle d'attente.

Au fond, je dis que le tueur est toujours déjà un homme mort. Aristote s'adresse à des citoyens bien vivants. Il a pensé que le spectacle tragique était l'espace du passage de l'enduré *(pathos)* à son partage symbolique *(logos)*. Le passage à l'acte, c'est-à-dire quand on ne s'en remet plus à des acteurs chargés du *logos* scénique, est donc un basculement non pas dans le réel mais dans la fiction. Le criminel devient acteur dans une réalité qu'il croit réversible.

Est-ce en raison des nouveaux dispositifs techniques, les écrans, que l'image change de nature et de sens, qu'elle n'a plus du tout le même effet que celui qu'elle obtenait au théâtre ou dans la peinture ? Faut-il accuser l'outil ou l'usage qui en est fait par le commerce des visibilités, par les iconocrates de la programmation ? L'outil n'est-il pas utilisé comme un instrument d'hallucination confusionnelle, de déréalisation qui prive le spectateur de toute distance préservant sa puissance critique ? La question de l'écran, voilà ce qui marque notre monde ; c'est l'écran qui a mis en place un dispositif sans précédent dans la constitution de l'imaginaire, en produisant des effets fusionnels, confusionnels. L'écran met en place une nouvelle liturgie où se jouent les nouvelles transsubstantiations : le verbe fait corps, l'image a perdu sa chair. L'écran instaure un nouveau rapport entre la *mimesis* et la fiction. Faut-il redire cette chose triviale, d'évidence, que l'écran n'est pas une scène ? C'est le contraire d'une scène. Le réalisateur, comme on l'appelle étrangement, n'est pas metteur en scène. Tout l'art des grands cinéastes ou grands vidéastes suppose aujourd'hui une pleine conscience de ce changement d'espace pour les corps, de la responsabilité qui en résulte et donc de ce qui les oblige à trouver une écriture fictionnelle, c'est-à-dire l'équivalent sur un écran de ce que fut le dos de Dieu pour Moïse : quelque chose qui se cache dans la visibilité. Quelle est la nouvelle donne de l'imaginaire quand il y a écran et, sur cet écran, un flux qui ne répond plus du traitement de la distance ? La bonne distance ou la place du spectateur est une question politique. La violence réside dans la violation systématique de la distance. Cette violation résulte des stratégies spectaculaires qui brouillent volontairement ou non la distinction des espaces et des corps pour produire un continuum confus où s'égare toute chance d'altérité. La violence de l'écran commence quand il ne fait plus écran, lorsqu'il n'est plus constitué comme le plan d'inscription d'une visibilité en attente de sens. Ce qui colle aux yeux n'est pas vu, ce qui colle aux oreilles n'est pas entendu, c'est à distance seulement que se mesure la chance offerte aux yeux et aux oreilles de voir et d'entendre quelque chose.

Dans un livre des années 1970, de Kœnig et Dickson, intitulé *Attention, les enfants regardent*... On raconte l'histoire suivante : cinq enfants, dont les parents s'absentent, tuent un jour leur baby-sitter dont l'incessant va-et-vient s'interposait trop souvent entre l'écran de la télévision et eux. Débarrassés d'elle mais embarrassés par son amant mexicain, il leur faut bien aussi en finir avec lui et le précipiter d'une falaise dans sa voiture. Je passe sur les détails. Le récit décrit l'enchaînement meurtrier perpétré calmement par des gamins. À supposer que l'hypothèse sur laquelle repose ce roman ait quelque validité, le récit semble indiquer cette perte de la réalité dans l'indistinction des espaces, celui des corps et celui du spectacle. Dans le cas des petits monstres du roman, il n'y a pas le moindre accès à un écart. L'écran ne fait pas écran, c'est la babysitter qui faisait écran à l'écran. C'est le réel qu'il faut tuer et, dans le même mouvement, on ne tue pas réellement. Ces écrans ne faisant plus écran suscitent une façon de vertige spéculaire où le sujet qui regarde perd précisément sa qualité de spectateur dans une indétermination qui l'engloutit. Cette confusion ne fait qu'augmenter dans le commerce des objets destinés à perpétuer la relation déréalisante aux choses mêmes. Les enfants sont aujourd'hui invités à serrer la main d'un Mickey géant et à cohabiter dans leur chambre avec tous les simulacres mercantiles qui envahissent l'espace domestique, scolaire et ludique. Un monde de fantômes en peluche ou en plastique prolonge celui des écrans, prend place parmi les choses dans l'indistinction croissante entre la présence des choses et celle des corps. Le visible tisse une toile compacte où le vide et la distance sont absorbés par le marché des choses propres à combler tous les manques. La baby-sitter, qui s'enchante du calme des bambins devant l'écran, ferait mieux d'être une *baby-talker* plutôt que de s'asseoir sur le bébé.

Ce qui est violent, c'est la manipulation des corps réduits au silence de la pensée hors de toute altérité. Jamais les hommes ne sont aussi seuls que lorsqu'ils fonctionnent comme Un. Le rassemblement domestique ou public de spectateurs qui produit dans le même mouvement la communion et l'exclusion (l'excommunication), voilà le problème majeur posé par l'usage des écrans dans la construction d'une communauté aux prises avec ses passions. Le pouvoir veut toujours contrôler l'amour et la haine, et, dans la mesure où l'émotion visuelle a affaire à ces passions-là, le dispositif qui montre, la forme choisie pour montrer, la place donnée à la voix, le risque pris dans un cadrage, dans un montage, sont autant de gestes politiques où s'engage le destin du spectateur dans sa liberté même. La censure ne pourra jamais se substituer par ses décrets à l'éducation du regard et à l'exigence éthique des productions. Mais, dira-t-on, quand la pornographie est là, il faut bien prendre position. La question serait plutôt que la pornographie étant un marché lucratif, qui est prêt à y renoncer ? Le crime et le sexe sont des expériences réelles qui ont donné lieu à des œuvres d'art aussi longtemps qu'on ne les transformait pas en marchandises. L'argent est devenu l'espèce moderne de la transsubstantiation communielle.

Face à cette situation, les institutions ne peuvent que défendre la censure qui substitue à la puissance de la parole échangée la violence d'un discours autoritaire qui décide de ce qui est bon ou mauvais pour le corps de la communauté. Cela ressemble à des règles d'hygiène distribuées en temps d'épidémie incontrôlable. On protège d'un mal auquel on ne s'attaque pas. Cette politique de santé par l'isolement ne peut que conduire à une absence généralisée des défenses immunitaires. Chacun, pris singulièrement dans sa liberté, est pensé comme la victime inévitable de tous les maux, comme si le discours communautaire l'emportait sur la pensée et la parole de chacun. La censure pose la faiblesse de chacun et la force du tout.

On peut comparer les réactions catholiques et protestantes à la sortie du film *La dernière tentation du Christ*. L'autorité catholique déclara : « Nous n'avons pas vu le film de Martin Scorsese, *La dernière tentation du Christ*. Nous ignorons la valeur artistique de cette œuvre. Cependant, nous protestons d'avance contre sa diffusion. Pourquoi ? Parce que vouloir porter à l'écran, avec la puissance réaliste de l'image, le roman de Kazantzakis est déjà une blessure pour la liberté spirituelle de millions d'hommes et de femmes disciples du Christ. » On refuse de voir, on dispense de juger, on soutient le paradoxe de contrôler au nom de la liberté ! Les autorités protestantes ont déclaré à la même occasion : « Aucune appréciation critique d'une œuvre ne saurait se fonder sur la rumeur et ne peut être opportunément exprimée sans qu'elle ait été vue et entendue. » Les pasteurs souhaitent qu'il y ait entretiens et débats sur un objet qu'il faut voir pour en parler et dont il faut parler pour le juger. Un crédit est fait à la parole donnée. Le visible ne tue pas dans le champ d'une parole toujours active.

Si la violence surgit dans l'échec et l'impossibilité de toute médiation, quelle place occupe l'image par rapport aux médiations ? Toute l'ambiguïté des questionnements aujourd'hui au sujet des images vient d'un contresens, d'une fausse évidence concernant le terme de média. Parce qu'un objet est dit médiatique, c'est-à-dire produit par des techniques de communication, on s'imagine naïvement qu'il est dans la médiation, et du même coup on lui donne une valeur symbolique. On fabrique même une science de cette médiation en la réduisant à des stratégies et des techniques de communication. C'est oublier que la caractéristique fondamentale de l'image, c'est son immédiateté, sa résistance primitive à la médiation. On a pris l'habitude d'appeler médiatique tout ce qui s'adresse à un public par la voie d'un canal et l'on en induit que tout est canalisable. L'image ne l'est pas. Elle déborde largement le canal et s'en va envahir par ses propres ruses les corps et les esprits que nos canalisateurs croyaient maîtriser. L'image, par sa présence insistante, passionnelle et silencieuse, ne se tient que par la parole donnée par le plaisir de voir, offerte en lui. Ce n'est pas le contenu de l'image qui rend sa violence problématique, car ce contenu peut être indifféremment cruel, déchaîné ou pacifique sans que l'image fasse violence à la pensée et entraîne son anéantissement. Il y a des visibilités qui personnifient un discours, c'est toujours le discours du maître. Dès lors, le visible endoctrine et incorpore le spectateur à la visibilité du corps personnifiant, qui n'est autre que le corps du discours qui le sous-tend. Le discours du maître soumet le regard au visible et l'engloutit dans l'assentiment. Tout autres sont les visibilités dont la forme ne personnifie rien, et qui sont habitées par la parole. Cela s'appelle incarner à l'écran. Dans ce cas, le visible met le spectateur dans une place où l'image reste à construire. Le visible ne se partage qu'en termes d'image instruite par la voix.

II

Incarner, incorporer, personnifier à l'écran

Si le spectateur d'un crime devient criminel, c'est parce qu'il n'est justement plus spectateur. Il n'y a que ce qui rend bête qui rend méchant. Sous le régime identificatoire et fusionnel, même le spectacle de la vertu rend criminel tout comme celui de la beauté peut donner lieu à la pire hideur. Voilà la vraie violence, c'est le meurtre de la pensée par les imageries tyranniques. Les saintes images en ont rendu plus d'un inquisiteur et meurtrier.

Mais je voudrais à présent évoquer un cas exemplaire : celui d'un film produit dans la violence criminelle du commanditaire, le Reich, par un cinéaste discipliné et soumis à Hitler. Pour le plus grand malheur du cinéaste, ce film déplut à Goebbels et fut censuré. Or il se trouve que ce film, sauvé par Langlois, nous est parvenu. Il a échappé aux intentions apologétiques du réalisateur et il vaut la peine de l'analyser de plus près. En des temps de dictature effroyable où les corps et les regards étaient totalement asservis, où les cinéastes étaient les chantres de l'incorporation unifiante, de la personnification édifiante, le cinéaste Zielke produisit envers et contre tout un objet libre et contradictoire au service d'une libre incarnation de la fiction. Objet irrecevable, dont les images faisaient violence au totalitarisme, il déclencha la violence du chef de la propagande qui ne s'y trompa pas. La force de *L'animal d'acier* venait de ce qu'il s'adressait à un spectateur libre de construire sa propre place dans un espace narratif où se mêlaient les rêves, les espoirs et les échecs. La question qui m'intéresse est la suivante : en quoi une œuvre d'art est-elle toujours et inévitablement insatisfaisante pour le dictateur et provoque-t-elle sa violence dans la mesure même où elle met en œuvre la puissance violente d'une liberté ?

Pourquoi, m'objectera-t-on, conférer d'emblée à cette œuvre le statut d'œuvre d'art ? La réponse la plus aisée consisterait à reconnaître en elle des qualités formelles, une force émotionnelle qui permettent de l'analyser avec les instruments et les références de ceux qui font un travail critique sur l'histoire des œuvres en général, et sur celle des objets cinématographiques en particulier, donc les historiens et les critiques d'art. En un mot, cela reviendrait à dire que la beauté est insoumise parce que indifférente aux circonstances et indépendante du milieu qui la voit naître. Les historiens d'art se sont suffisamment battus sur ce terrain. Sans entrer dans ce débat, je choisirai de dire qu'une œuvre d'art se caractérise, à chaque moment de l'histoire, par la forme esthétique choisie, pour la figure de la liberté qu'elle incarne. Mais de quel ordre est le lien qui l'arrime au monde qui la voit naître ? Tout ce qui l'entoure détermine sa forme, ce qui permet de la dater et de l'interpréter tant dans ses moyens que dans ses significations. Mais alors, en quoi fait-elle événement ? Cet événement est solidaire d'un monde, mais par sa présence il brise toujours l'ordre prévisible ou imposé de ses déterminations. C'est pourquoi, dans le cas présent, comprendre ce que fut l'invraisemblable liberté de Zielke, loin d'être un hommage rendu à l'autonomie de son œuvre à l'égard de ses commanditaires, nécessite qu'on analyse tous les lieux d'inscription qui déterminèrent sa naissance.

Si je devais à la fois résumer le film et le qualifier philosophiquement, je dirais qu'il présente l'invention du chemin de fer, dont il célèbre le centenaire, comme une aventure humaine, intellectuelle et technique, qui s'incarne à l'écran avec un poids égal de menaces et de promesses, d'échec et de réussite. C'est une pensée de l'histoire, incarnée dans un récit, jouée par des acteurs de chair habités par la parole qui disent leurs espoirs et leurs rêves. Il s'agit d'un documentaire d'histoire des techniques, abordé, comme dans les ouvrages de Gaston Bachelard, en termes d'imaginaire onirique, fécondant la matérialisation de la pensée scientifique. La propagande est abandonnée au profit d'une fiction. Ces simples phrases pourraient suffire à couper cet objet de tout programme univoque de glorification d'un régime. Point de personnification mythique, mais une réalité dont le montage fictionnel n'efface aucun trait réel dans un dessein d'idéalisation. Ce film est habité par la pensée des plus grands épistémologues de son siècle et par le modèle cinématographique de l'Union soviétique. On l'entend d'ailleurs dans son titre même, *Das Stahltier*, où le surnom de Staline vient faire résonner l'acier de son programme.

Comment se présente-t-il ? Il est composé d'une succession parfaitement articulée de thèmes où discours et images se répondent sans rupture, puisque la pensée qui le soutient solidarise totalement l'aventure de l'œil et celle de la pensée. Un ingénieur rêve, pense et calcule la réalisation d'une machine, et son travail devient simultanément réalité et cauchemar. Sa puissance d'homme scientifique ne lui donne aucune compétence effective dans le domaine pratique, ses fantasmes et ses maladresses le rendent solidaire de toute une histoire séculaire de rêves, de tentatives et d'échecs dont l'issue est pourtant positive : le chemin de fer existe et il transforme la communauté humaine. Chaque épisode historique raconté par l'ingénieur des chemins de fer est scandé par des vues de la vie des cheminots dans la nature, dormant, jouant, se baignant, se reposant. La proximité de la nature, son intimité métaphorique permettent à Zielke de faire tout un travail analogique sur l'enchevêtrement des rails, celui des branches, celui des épis secoués par le vent ainsi que sur le modèle organique auquel semble répondre la machine elle-même. Machine zoomorphe, elle est la bête, modèle anthropomorphe, elle est l'amante. L'ambiguïté entre la bestialité et l'humanité se maintient d'un bout à l'autre pour ne plus situer le destin de nos inventions que dans les seuls rapports qui se tissent entre les personnes réelles. Cette articulation de la nature et de l'industrie nous est familière depuis la fin du XIXe siècle, mais elle trouve sa réactivation au cœur de l'esthétique soviétique qui veut associer le monde agricole des paysans à la révolution industrielle et idéologique. L'accélération des machines entraîne une accélération du monde, mais justement, pour Zielke, l'histoire des hommes suit le rythme de la pensée et non celui des choses, l'histoire du train est une aventure humaine, une histoire lente, incarnée à l'écran par des corps qui ne sont à aucun moment chargés de personnifier une idée, de prêter leur voix à des abstractions.

Fait de parties assez hétérogènes, l'unité du film se maintient ailleurs, dans ce qui fonde tous les choix qui constituent la force irrecevable de l'objet par le dictateur. C'est cette unité qui n'a pas échappé au regard des censeurs et qui a rendu le film inacceptable. Je veux dire que la question du temps, de l'histoire et de la création artistique sont une seule et même question déclinée sous des aspects différents mais sans solution de continuité, et c'est la place faite au spectateur qui rend ce film incontrôlable. Si on le réduit à ce qui l'environne directement d'un point de vue politique aussi bien que stylistique, on le coupe de l'histoire des œuvres et des pouvoirs sur un siècle entier. Or il s'agit de la célébration d'un centenaire, donc de l'interprétation d'un siècle entier solidaire d'une conception du temps. Pour le comprendre, il faut revenir sur la signification historique de la commande elle-même et sur la manipulation de la mémoire qu'elle présuppose, fer de lance du nazisme comme de tous les totalitarismes.

Premièrement, qu'est-ce qui se joue depuis un siècle en Allemagne dans la construction du chemin de fer et que le nazisme veut s'approprier ? Deuxièmement, en quoi un artiste, qu'il le veuille ou non, instaure, par le seul fait de l'œuvre, une temporalité propre qui ne peut se soumettre à aucun programme univoque et qui laisse au spectateur sa puissance critique de jugement ?

Pourquoi le film de Zielke a-t-il été refusé par la Reichsbahn de Berlin, puis par Goebbels ? Quel était l'enjeu centenaire pour le Reich de la commande de ce film ? En quel sens s'agissait-il de propagande ?

Célébrer le centenaire du chemin de fer allemand en 1935 n'était rien moins que la célébration de l'unité allemande qui ne se fit politiquement, avec Bismarck, qu'en 1870. Le projet déjà contrariait les faits puisqu'en 1935 l'Allemagne n'a pas cent ans. Le film de Zielke se situe à l'articulation vive et dramatique qui fait du chemin de fer allemand une machine de vie, par la création du Zollverein, et une machine de mort, quand on sait ce que fut la fonction du chemin de fer dans la déportation. Le film est à la fois faire-part de naissance et annonce de mort. Le chemin de fer deviendra celui de l'enfer. *Stahltier* : le titre est déjà ambigu puisqu'il dit à la fois la nature et l'industrie, la civilisation et la férocité. Le nazisme n'a-t-il pas précisément joué sur l'identification meurtrière du biologique et de l'industriel ? Train de vie et train de mort. C'est un même objet qui distribue la vie et la mort, l'union, la communication, la communion et l'exclusion. Le train unit et sépare dans un but unique : faire l'unité territoriale, économique et raciale de la nation allemande. La terre, le sol s'imposent par le fer. Pour bien le saisir, il faut passer par un homme peu connu aujourd'hui, mais dont l'ouvrage est pourtant recensé officiellement, dans *Printing and the Mind of Man*, à Munich, comme l'un des cinq cents ouvrages qui ont changé l'histoire de l'humanité. Il s'agit de Friedrich List, né en 1789, auteur en 1841 du livre *Das Nationalsystem der Politischen Ökonomie*, édité à Stuttgart. L'histoire de cet homme vaut la peine d'être résumée tant elle ressemble au moule en creux de celle de Zielke, qui fut lui-même, il faut aussi le rappeler, ingénieur des chemins de fer et rêveur tragique comme l'anti-héros ingénieur de *Stahltier*, Klaassen.

List, ingénieur des chemins de fer, autodidacte, grand rêveur, comme Klaassen, faillit faire une carrière politique. Il n'eut qu'une idée en tête du début à la fin de sa vie : l'unité allemande. Cette unité se fera par l'unification économique, cette unification passe par l'abolition des barrières douanières intérieures entre les différents États germaniques, et c'est le chemin de fer et lui seul qui sera la machine unificatrice d'un peuple entier en marche vers la réalisation nationale. Seul le train permettra la création d'un marché national, qui, à son tour, constituera seul le fondement de la nation allemande, de l'Allemagne comme Nation. Cette idée fixe, révolutionnaire entre 1817 et 1820, conduisit List en prison pour subversion. Sorti de prison, il passe en France puis en Angleterre, revient en Allemagne purger sa peine et se trouve libéré en 1824 sous condition. La condition est qu'il parte aux États-Unis où il séjourne sept ans. En 1830, on le retrouve consul américain à Leipzig. Il reprend son combat pour l'unité nationale et échoue dans tous ses projets. En 1833, il écrit un opuscule, *Sur un réseau de chemin de fer à construire en Saxe*, sans succès. En 1847, il se tire une balle dans la tête. Pourtant, en 1835, le premier chemin de fer allemand a été construit entre Fürth et Nuremberg, avec l'aide anglaise. Il faudra encore attendre Bismarck pour que l'union économique et politique de l'Allemagne soit accomplie derrière la Prusse de Guillaume II.

Je rappelle cette histoire car Zielke ne dit mot, bien sûr, de ce rêveur ingénieur dans le récit très technique qu'il construit autour des échecs et des difficultés des Français et des Anglais inventeurs des premières machines. Pas un mot sur l'idéologie d'union nationale dont le chemin de fer allemand est porteur depuis sa création. Le cinéaste a transformé une aventure nationale en aventure scientifique. Pis encore, il a présenté une aventure scientifique comme une expérience humaine universelle qui, par-delà les frontières nationales, est habitée par les rêves. Aventure qui connaît les succès et les échecs de tout inventeur. Créer n'est pas un verbe nazi. L'importance capitale des œuvres de List pour la Reichsbahn est connue de tous, comme elle le fut pour toute l'Europe industrielle car ses ouvrages furent traduits en français par Richelot dès 1857. Le chemin de fer est un enjeu politique d'unité nationale, lié à l'histoire des nations européennes et à celle des débats sur le libre-échange. L'histoire tragique de son promoteur est aussi tragique que celle du cinéaste puisque Zielke, à son tour, fait du chemin de fer une machine productrice de solidarité, de communication sociale entre la science et le prolétariat. En quoi il rejoignait aussi les thèmes soviétiques concernant la révolution sociale et l'égalisation des classes par la voie productive du travail. La prison de List, pour lui, fut l'hôpital psychiatrique et peut-être, pense-t-on, la castration. Cependant, la grande différence entre List et Zielke, c'est que pour le premier l'action politique prend corps dans un objet technique, et, pour le second, c'est l'action technique qui incarne une action politique. C'est par le travail cinématographique sur la forme que s'est fait jour la nature révolutionnaire du propos. Le train de Zielke, c'est celui de son équipe de tournage qui parcourt l'Allemagne en chemin de fer et qui produit un récit dérangeant. Le nazisme ne peut s'accommoder d'un espace cinématographique qui est un espace d'incarnation de la pensée politique. Face à List, ce sont les princes et les principautés qui avaient résisté, jalouses de leurs privilèges et de leur autonomie. Face à Zielke, c'est le Reich constitué qui résiste, parce que c'est l'essence même de l'idéal national-socialiste qui est menacé par ce nouveau train de la narration. La machine unificatrice, productrice d'identité nationale, ne fait plus l'unité désirée parce que c'est une machine de la distance et de l'incarnation. L'histoire du chemin de fer n'est plus une histoire strictement allemande, mais un récit partagé par tous ceux qui rêvent, qui cherchent, qui inventent et qui travaillent. Ce n'est pas une histoire triomphaliste dont le centenaire fête l'apothéose, mais un drame humain qui n'est pas au bout de ses difficultés, de ses contradictions et de ses peines. Cette machine qui a déjà tué peut encore tuer. Le rassemblement des hommes n'est pas le fait d'une communauté épique et sacrée s'engageant dans la croisade de l'industrie. Le train du cinéma n'ira pas à Auschwitz. Sauf avec Spielberg ou Benigni !

La machine est vécue comme une nouvelle animalité, c'est-à-dire comme une entité inhumaine et cependant domesticable. Figure de l'altérité, elle devient aussi femme, amante imprévisible et fatale. Comme dans *L'Ève future* de Villiers de l'Isle-Adam, le créateur vit une expérience secrète et énigmatique avec sa créature. On retrouve toute la tradition romantique du monstre et du démiurge affolé par ce qui sort de ses mains. La veine métaphysique du romantisme se nourrit de la peur exquise que lui inspirent ses propres rêves. Il y a du monstre là-dedans, et la double désignation des organes par l'ingénieur et l'ouvrier construit l'équivocité polysémique de nos œuvres. Autrement dit, le travail ne produit pas d'idéal, mais il construit l'obstacle à toute suprématie des fantasmes au profit de la parole et de l'histoire. Voilà qui ne pouvait satisfaire ceux qui, à l'entrée des camps — qui furent le champ libre offert à l'assouvissement de tous les fantasmes –, inscrivaient : *« Arbeit macht frei »*. Le Reich ne voulait pas confier aux travailleurs le soin de construire le réel, ni aux rêveurs celui de construire de la liberté. La machine de fer allemande ouvre le centenaire de la mort métallurgique, de la mort usinée. Ainsi la mort accidentelle des rêveurs dans le film est-elle pour Goebbels une mémoire nulle et non avenue dans le dispositif qui doit triompher. Dans un film de propagande, il faut produire des signaux univoques et mythiques.

L'aventure intime de l'ingénieur Klaassen a une valeur philosophique dont le nazisme n'a que faire. Ce qu'attendait Goebbels, c'est un récit héroïque qui ferait du peuple allemand tout entier le chef de locomotive des trains de la haine et du triomphe. Comment ne pas penser à ce chef de train que Lanzmann a saisi dans *Shoah* ? L'émotion née du film de Zielke n'a, elle, rien de primaire, d'héroïque, d'épique, elle naît de l'apparition des corps troublés par leur désir de vivre une sorte d'histoire d'amour non pas avec une chose mais avec toutes les images sécrétées par cette chose. Le train incarne une affaire de désir, et des liens de plaisir et de mélancolie se tissent entre les images d'hommes, de nature et de choses. Dans *L'Animal d'acier*, aucune image des corps ne fait corps avec un corps invisible et plus grand que lui, un corps idéal et fantasmé qui absorberait les spectateurs et les acteurs dans la digestion anéantissante du « ventre immonde ». Les deux gestions de l'invisible sont incompatibles : celle de Zielke est habitée par la parole, celle du Reich par le discours d'incorporation fusionnelle. C'est bien sous ce second régime que Leni Riefenstahl répondit aux commandes de Hitler.

Je citerai Kracauer : « Alors que les films américains reflètent d'ordinaire la société ou la vie nationale à travers la biographie d'un héros représentatif, ces films allemands, à l'inverse, réduisent les individus à l'état de dérivés d'un tout plus réel que tous les individus qui le composent... Hitler lui-même n'est pas montré en tant que personne mais en tant que personnification de terribles puissances irrationnelles [1]. » Cette remarque fort juste pose d'emblée le problème de la personnification à l'écran. On sait que Goebbels était fasciné par le cinéma russe, dans lequel il voyait une dimension révolutionnaire mythique. Il rêvait d'un Eisenstein nazi. Or le cinéma d'Eisenstein mit en scène à la fois des personnes et des personnifications. La différence fondamentale vient, chez Eisenstein ou Poudovkine, de la stature existentielle de chaque individu, considéré pleinement comme une personne, fût-il au berceau. Dans l'image, la parole se fait chair au mépris des discours qu'elle prétend indiscutablement servir. Dans un film nazi, la seule chose qui compte doit être l'invincibilité du héros allemand,

---

1. Siegfried Kracauer, *De Caligari à Hitler, une histoire du cinéma allemand, 1919-1933*, Paris, Flammarion, 1973.

dans un récit qui échappe à toute temporalité. Les corps des acteurs, chez Leni Riefenstahl, ne sont que des personnifications instrumentales d'une idée, les outils d'un discours.

Il y aurait peut-être deux figures de l'invisible dans le visible des écrans, celle qui assume l'incarnation et celle qui ne se préoccupe que de l'incorporation. La place faite au spectateur y est foncièrement différente. C'est dans le travail de l'image elle-même que se joue cet écart irréductible et non dans le contenu idéologique explicite du récit. Ainsi Griffith, dans *Naissance d'une nation*, serviteur d'un mythe fondateur qui s'alimente au racisme le plus déclaré, a produit un enchevêtrement complexe où les signifiants guerriers de l'incorporation meurtrière croisent sans cesse la vie intime des corps dans les images. Souvenez-vous de ce petit chat qui joue dans les plis d'une robe de jeune fille gonflée par le vent.

Si le corps de Hitler personnifie la nation allemande, si, quand il parle, c'est la nation aryenne qui parle, c'est que toute construction fictionnelle de ce corps et de cette voix renvoient à une rhétorique et à une signalétique communes à tous ceux qui le regardent. Les yeux du spectateur médusé sont remplis et comblés par cet obturateur de tout mouvement. Le propagandiste ne se contente pas d'user de symboles et d'emblèmes déjà existants, mais il les surdétermine afin d'imposer un régime univoque d'interprétation et de manipuler ensemble le désir de tuer et celui de mourir. C'est ainsi qu'on fabrique le fanatisme dans les visibilités cultuelles de l'idolâtrie. Les visibilités sont au service de la communication et l'instrument privilégié de la pensée unique. La personnification fait alors fusionner le sujet avec le signe, il n'y a plus qu'un son unique, une clameur unanime, proférée par un corps sans image. Quand l'image meurt, la barbarie commence.

Leni Riefenstahl a comblé les désirs de Hitler et les corps nazis dans *Le Triomphe de la volonté*. Elle filme le corps du Führer lors du premier congrès du parti national-socialiste. C'est clair, la personne de Hitler ne l'intéresse pas, cinématographiquement, en tant que telle. Sa visibilité « excarnée », pour reprendre une expression de Jean-

Toussaint Desanti, est le corps abstrait de la nation allemande. Elle le filme le plus souvent de dos ou de trois quarts, ou bien encore en surexposant la face ou en contre-plongée dans une sorte de « théophanie ». Il n'est pas question de faire un portrait. Jean-Luc Godard remarquait un jour que les victimes sont généralement montrées de face et les bourreaux de dos. Nous faisons face au dos de Hitler et nous le suivons, en place de bourreaux. Devant lui, la foule est saisie globalement, en masse compacte, comme une entité corporelle indistincte. La cohésion monolithique d'un même corps répété dans la perspective sans borne des régiments engloutit l'espace de la projection elle-même. La salle de cinéma et le stade de Nuremberg sont un même espace. Jamais le moindre arrêt sur un corps qui donnerait sa chair à l'image vivante d'un sujet. La négation de l'image va avec celle de la chair. Il n'y a aucune fiction mais, à la place de la fiction, une déréalisation des corps filmés au profit d'une transsubstantiation de la réalité en simulacre désincarné. Ces corps qui tuent et qui sont prêts à mourir ignorent qu'ils sont eux-mêmes sacrifiés. Le cinéma totalitaire n'est qu'abstraction. La personnification ici opère à tous les niveaux : les Allemands devront faire le sacrifice de leur propre image, donc renoncer à la vie, pour que vive l'idée qu'ils sont chargés de personnifier et ceux qui n'entrent pas dans cette logique de la personnification seront privés de visage, de la dignité de personne. Pour devenir « tueur », la population nazie a dû se sacrifier elle-même. En deuil de leur propre image, les citoyens allemands auront autant de mal à en reconstruire l'invisible dignité, qu'ils en ont eu à se libérer de la culpabilité et de la honte. Sans image, chacun est confronté à la solitude d'une irresponsabilité. Le cinéma allemand n'a cessé de chercher, depuis, les nouvelles figures de sa libre apparition. Sa chair imaginale fut emportée avec les corps réels de ses victimes.

On peut rendre les choses encore plus claires en évoquant la manière dont Chaplin a choisi d'incarner Hitler. Cette incarnation du *Dictateur* donne sa chair iconique, sa totale ambivalence, sa libre indécidabilité à un même corps. Le juif et le dictateur sont un seul et même corps offert à une double incarnation. L'incarnation de Hinkel suffit à la déconstruction et à l'effondrement de toute personnification. Les effets comiques déployés avec l'image du barbier et celle du dictateur n'aboutissent nullement à une confusion entre les deux sujets incarnés. L'incarnation de Hitler opère un véritable effondrement de son image et sa voix n'est plus qu'un tohu-bohu parodique. Le corps joue contre le scénario, l'acteur est en résistance face à l'histoire. Chaplin ne joue pas l'incarnation du bon contre la personnification du méchant, pas plus que l'inverse. Il met bord à bord, face à face, deux incarnations. À partir d'un même corps, deux images incompatibles placent le spectateur là où son jugement va s'exercer. *Le Dictateur* est un véritable objet politique. L'artiste Chaplin joue l'incarnation jusqu'au bout et c'est sous la figure du tyran qu'il est anéanti. La violence de l'incorporateur est devenue force retournée contre lui dans l'image. On n'est pas si loin de la thérapeutique fondée sur le retournement spéculaire du mal. Peut-être est-ce là la magie du cinéma. Plus il incarne, plus il libère.

Rendre visible une personne et faire entendre sa voix, est-ce incarner ou est-ce personnifier, est-ce donner la parole à une chair ou est-ce donner corps à un discours ? Quand les Pères de l'Église ont pensé la relation du visible à la parole, loin d'arrimer l'image à l'écriture, ils cherchèrent à mettre la voix en œuvre au cœur de l'image elle-même. La personne du Christ, appelée *prosôpon*, donc personne vue frontalement, ne peut en aucun cas être nommée personnification de Dieu qui parlerait à la place du Père sur le mode de la prosopopée. Si l'on se réfère au Littré, la définition de la personnification est la suivante : « Figure qui consiste en littérature à faire d'un être inanimé ou d'une abstraction un personnage réel. » Si l'on cherche dans le même Littré la définition de la prosopopée, on trouve ceci : « Figure de rhétorique qui prête de l'action et du mouvement aux choses insensibles, qui fait parler des personnes, les choses inanimées et quelquefois même les morts, et qu'on les regarde comme des personnes. » La parole des prophètes n'est donc pas davantage une prosopopée. La proximité de deux figures, la prosopopée et la personnification ainsi définies, montre bien qu'il y a dans le terme grec *prosopopeïa* une double opération, puisqu'on donne un visage à la personne et que l'on fait parler ce qui n'a ni visage ni phonation. Un âne peut servir à personnifier la bêtise, mais Julien Sorel incarne l'ambition. Dans un cas, il y a un programme illustratif toujours remplaçable : je peux à l'âne substituer une oie ; dans l'autre, il y a un sujet, et en aucun cas je ne puis substituer Julien Sorel à Rastignac. Dans le cadre de la rhétorique, personnifier le courage ou la lâcheté c'est offrir une analogie sensible aussi bien à la lecture qu'au regard, et qui repose sur une traduction précodée de traits pertinents. Pour que la personnification soit opératoire, il faut qu'un accord se fasse sur les signes et les emblèmes de sa lecture ou de son inscription dans le visible. Si la justice est figurée, elle pourra être une belle femme aux traits paisibles et à la posture équilibrée, elle posera une main sur un glaive et, de l'autre, elle tiendra une balance ; je peux illustrer son triomphe par une couronne royale, et son indépendance en lui ôtant toute pesanteur, la laissant flotter dans l'éther. Cette imagerie est pour un

Chinois totalement illisible car elle doit tout son pouvoir métaphorique à un discours, à des usages de signes dans une culture. La signalétique est l'équivalent d'un discours pris dans le champ de la communication. Toute bande-son prend en charge la question de la prosopopée et implique la gestion émotionnelle du désir d'entendre la voix de l'image. La réflexion chrétienne sur la question de la voix dans l'image indique une tout autre situation du sonore dans l'iconicité. L'homonymie de l'image avec son modèle, loin d'être un geste d'identification dans la reconnaissance d'une ressemblance, est au contraire fondée sur la dissemblance du visible avec l'image invisible qu'elle manifeste en sa chair sensible. Écrire dans l'image le nom du figuré, c'est faire entendre une voix qui, venue d'ailleurs, vient habiter le visible. La notion d'habitation de la voix dans la demeure du visible déplace toute illusion de présence réelle pour faire du visible le lieu d'une adresse à l'écoute. La « voix off » du Dieu caché devient « voix in » de l'incarnation dont celui qui se fait entendre doit lui-même répondre en son nom. Le nom dont il répond est celui du Père invisible. Cette autorité de la voix dans l'incarnation renvoie donc à la voix de l'auteur lui-même en tant qu'il répond de ce qu'il montre en son propre nom.

Cette autorité existe même dans le cinéma muet. La bande-son des images est bien ce en quoi se joue la puissance de l'adresse au cœur du visible. Le dispositif indissociable qui produit le visible et l'audible porte en lui la nature politique de la place offerte au spectateur. Chaplin avait parfaitement saisi la fonction de la vocifération hitlérienne, aussi bien que Riefenstahl dans l'usage des hymnes guerriers. La violence des images est inséparable de la manipulation sonore dans la construction des corps qui reçoivent les signaux émis par l'écran. Le 11 septembre, le suspens intentionnel du son pendant la retransmission immédiate de l'effondrement des tours signifiait simultanément que le spectacle nous laissait sans voix et que le corps politique était encore incapable de produire du discours. Une sorte de sidération muette empêchait les téléspectateurs d'accéder à un sens possible dans une cohabitation des voix. Quelque chose comme une hallucination se déployait dans un espace abstrait, jusqu'à ce que le discours du corps occidental chrétien vienne placer la réception du spectacle dans les lieux contrôlables de la prosopopée. Les tours personnifiaient l'Amérique et en elle l'humanité entière victime d'une invisibilité carnassière. La puissance des mythes se substituait à la force du réel. La voix des maîtres était la seule alternative au silence du visible. Peut-être est-ce pour cela que beaucoup se mirent à écrire, comme si l'écriture redevenait la seule issue pour sortir et du silence et de la prosopopée allégorique des tours. La violence du terrorisme, comme celle de toute dictature, frappait à la fois la vie réelle des victimes et la vie imaginaire des vivants. Cette mise à mort de l'image accompagne toujours la mise à mort de toute vie et de toute liberté.

Cette courte réflexion sur la violence du visible n'est sans aucun doute qu'une simple ébauche de ce que pourrait être aujourd'hui une interrogation collective sur le destin politique de nos émotions. Je n'ai fait qu'indiquer des pistes pour un questionnement, sans jamais prétendre résoudre les contradictions évidentes d'un monde qui semble vouloir défendre une figure de la démocratie et qui ne fait que suivre la pente inexorable où sont trahis puis abandonnés les lieux inassignables d'un sens partagé. Le visible est un marché qui ne cesse de tuer les images et tout espoir de liberté avec elles. Le monde de l'asservissement est celui de l'assouvissement, celui des images réclame le maintien d'une soif. Soif de voir l'invisible, soif d'entendre des voix qui n'exigent pas qu'on nous ligote à un mât pour nous protéger d'un naufrage. Point d'image qui ne soit tempête et figure d'un danger. Dans la tempête il faut savoir gouverner. Il revient à chacun de répondre des visibilités qu'il donne à voir, qu'il fait connaître et qu'il désire partager. Il ne s'agit pas, dans une politique du visible, de comptabiliser des voix, mais de donner à la voix la place d'où elle peut se faire entendre en donnant au spectateur la place d'où il peut répondre et se faire entendre à son tour. La violence du visible n'est que la disparition de ces places et par là même l'anéantissement de la voix.

Notre relation à l'image et aux images est indiscutablement liée, dans la pensée occidentale chrétienne, à ce qui fonde notre liberté, en même temps qu'à tout ce qui met cette liberté en péril jusqu'à l'anéantir. Il est plus facile d'interdire de voir que de permettre de penser. On décide de contrôler l'image pour s'assurer du silence de la pensée, et, quand la pensée a perdu ses droits, on accuse l'image de tous les maux, sous prétexte qu'elle est incontrôlée. La violence faite à l'image, voilà la question. Dans la violence de tout débat concernant le visible, il nous faut bien comprendre que la violence du visible tient à la guerre qui est livrée à l'image, à la guerre qui est livrée à la pensée. Comme le dit Godard dans le court film *Changer d'images*, tout contrat accepté avec les visibilités s'ouvre comme une collaboration avec l'ennemi. Défendre l'image, c'est résister à tout ce qui élimine l'altérité des regards construisant l'invisibilité du sens. La force de l'image est à la mesure de la puissance des voix qui l'habitent. Ce n'est pas un hasard si les images de guerre mobilisent désormais inévitablement les producteurs d'images. On parle désormais couramment de guerre des images, car la violence de situations d'agression est immédiatement articulée à la gestion du visible et de la transmission des discours. Les batailles qui se livrent sur les écrans appellent les citoyens à penser le visible et l'invisible comme les enjeux déterminants dans l'analyse politique. Il est donc impératif de prendre au sérieux la formation des regards, car toute guerre aujourd'hui devient l'occasion de livrer la guerre à la pensée elle-même.

Penser l'image c'est répondre du destin de la violence. Accuser l'image de violence au moment où le marché du visible prend effet contre la liberté, c'est faire violence à l'invisible, c'est-à-dire abolir la place de l'autre dans la construction d'un « voir ensemble ».

Table des matières

A été achevé d'imprimer
en mai 2005
par Normandie Roto Impression s. a.s.
pour le compte de Bayard Éditions

Mise en pages :
DV Arts Graphiques à Chartres

Imprimé en France
Dépôt légal : mai 2005
N° d'édition : 2848
N° d'impression : 05-1270